Giacomo Casanova (1725-1798) verstand sich als Schriftsteller und Philosoph. Unter seinen Werken finden sich eine Homer-Übersetzung ins Italienische, ein umfangreicher utopischer Roman, eine Geschichte Polens, mathematische Abhandlungen, Gedichte, Satiren, Essays. In die Weltliteratur eingegangen ist er mit seinen Lebenserinnerungen (*Histoire de ma vie*), die erst 30 Jahre nach seinem Tod gedruckt wurden.

Gedanken über die Zeitläufte und das menschliche Verhalten, über die Liebe, die Lust und das Laster, über die Frauen, Gott und die Welt, die sich in seinem ganzen Werk verstreut finden, sind hier zu einem Lesebuch zusammengefaßt und enthalten die praktische Lebensphilosophie eines Mannes, der im Bewußtsein vieler – zu Unrecht! – nur noch als der große Verführer und Liebhaber weiterlebt.

insel taschenbuch 2807

Giacomo Casanova

Die Lust des Lebens und der Liebe

Giacomo

CASANOVA

Die Lust des Lebens und der Liebe

Gedanken über die Lebenskunst

Ausgewählt von Eckart Kleßmann

Insel Verlag

2. Auflage 2018

Erste Auflage 2002
insel taschenbuch 2807

Vertrieb durch den Suhrkamp Taschenbuch Verlag
Printed in Germany
Umschlag: hißmann, heilmann, hamburg
ISBN 978-3-458-34507-7

INHALT

ÜBER SICH SELBST

DEN Freuden meiner Sinne galt mein Leben lang mein Hauptstreben; etwas Wichtigeres gab es für mich niemals. Da ich mich für das andere Geschlecht geboren fühlte, habe ich es stets geliebt und habe alles darangesetzt, seine Liebe zu gewinnen. Ich liebte auch mit Hingabe eine gute Tafel, und überhaupt leidenschaftlich alles, was meine Neugier erregte. (...)

Ich habe die scharfgewürzten Gerichte geliebt, die von einem guten neapolitanischen Koch zubereiteten Makkaroni, Ogliapotrida, Neufundländer Kabeljau, recht klebrig, Wildbret mit Hautgout und Käse, dessen Vortrefflichkeit sich zeigt, wenn die kleinen Wesen, die darin hausen, sichtbar werden. Was die Frauen betrifft, so habe ich immer gefunden, daß die jeweils Geliebte angenehm duftete, und je kräftiger sie schwitzte, desto köstlicher schien sie mir zu sein.

Welch verdorbener Geschmack! Welche Schande, ihn sich selbst einzugestehen und doch nicht zu erröten! Über solche Vorwürfe kann ich nur lachen. Ich bin unverfroren genug, mich dank meiner derben Neigungen für glücklicher zu halten als andere, weil ich davon überzeugt bin, daß meine Neigungen mich zu größerem Genuß befähigen. Glücklich, wer ihn sich zu verschaffen weiß, ohne irgendwem zu schaden, und töricht alle, die sich einbilden, das Höchste Wesen freue sich über Schmerzen, Mühsale

und Verzichte, die sie ihm zum Opfer bringen, und
12 wohlgefällig seien ihm nur die Schwärmer, die sie freiwillig auf sich nehmen. Gott kann von seinen Geschöpfen nur die Ausübung der Tugenden fordern, deren Keim er in ihre Seele gelegt hat; und er hat uns alles nur zu dem einzigen Zweck gegeben, uns glücklich zu machen, sowohl Eigenliebe wie Ehrgeiz, Strebsamkeit, Kraft, Mut und sogar eine Macht, die uns keine Tyrannei rauben kann, nämlich die, uns selbst das Leben zu nehmen, wenn wir nach einem richtigen oder falschen Abwägen das Unglück haben, das für die beste Lösung zu halten. Das ist der stärkste Beweis für unsere sittliche Freiheit, die spitzfindige Trugschlüsse so sehr bekämpft haben. Dennoch ist der Selbstmord tatsächlich ein Greuel wider die Natur, und alle Religionen müssen ihn ächten. (1)

MEIN großer Reichtum ist der, daß ich mein eigener Herr bin, von niemandem abhänge und kein Mißgeschick fürchte. Mein Charakter neigt zur Verschwendung. So bin ich. (2)

ICH gehöre zu jenen, die die überlieferten Gebräuche achten, aber sie nicht aufzugeben zu wagen, nur weil sie alt sind, erscheint mir ein barbarischer Aberglaube. Ein Gesetz nur wegen seines hohen Alters zu achten, halte ich für ebenso unsinnig, wie ein anderes anzunehmen, nur weil es neu ist. Alles, was die Menschheit besitzt, verdankt sie nur dem Wagemut. Oberflächliche Geister verdammen ihn, lassen wir sie reden. (3)

WENN ich bedenke, daß ich jetzt im Greisenalter mein Glück vor allem in der lebendigen Erinnerung finde, stelle ich fest, daß mein langes Leben mir wohl mehr Glück als Unglück gebracht hat. Ich danke Gott dafür, der Ursache aller Ursachen und ihrem souveränen Lenker; und niemand kann ermessen, wie sehr ich mich über alle Wechselfälle glücklich schätze. (4)

MEIN Werk ist voll ausgezeichneter moralischer Lehren. Aber was nützt das, wenn die gelungenen Schilderungen meiner Sünden die Leser mehr zur Nachahmung als zur Reue anregen? (5)

DA ich völlig verstand, was Sokrates seinen Dämon nannte, der ihn nur selten zu einem entscheidenden Schritt trieb und ihn sehr häufig an einem Entschluß hinderte, gelangte ich leicht zu dem Glauben, den gleichen Genius zu besitzen, den er Dämon zu nennen beliebte. In der Gewißheit, daß dieser Genius nur gut und ein Freund meines besseren Ichs sein konnte, verließ ich mich auf ihn jedes Mal, wenn ich keinen ausreichenden Grund fand, an meiner Entscheidung zu zweifeln. Ich tat, was er wollte, ohne nach dem Grund zu fragen, wenn eine innere Stimme mir riet, ich solle von einem Schritt abstehen, zu dem ich mich geneigt fühlte. Diese Stimme konnte nur eine Einwirkung des Dämons sein. Ich erwies ihm hundertmal in meinem Leben diese Huldigung und beklagte mich innerlich häufig über ihn, weil er mich nur höchst selten zu einer Handlung trieb, bei der ich auf Grund vernünftiger Überlegungen entschlossen war, sie zu unterlassen. Durch mein Verhalten war ich häufiger in der Lage, mich zu beglückwünschen, daß ich meine Vernunft ausgeschaltet hatte, als daß ich ihr gefolgt wäre. Doch all das hat mich nie bedrückt und auch nicht daran gehindert, überall und jederzeit meine Vernunft nach besten Kräften zu gebrauchen.

(6)

WENN ich alles, was mir im Leben begegnet
16 ist, überdenke, finde ich, daß ich noch viel glücklicher geworden wäre, wenn ich mehr Unglück gehabt hätte.

Alles, was mir auf der Welt an Traurigem begegnet ist, hat sich zum Guten gewendet und lehrte mich den unsterblichen Wert dessen, das man Moral nennt. Ich würde viel mehr solcher Lehren erhalten haben, wenn ich nicht so nachsichtige Freunde gehabt hätte. Sie sind nun alle tot, und ich muß ihre Erinnerung heilig halten. Doch sie haben mir schlechte Dienste erwiesen, indem sie glaubten, mir Gutes zu tun. Aber wenn sie das Gegenteil getan hätten, hätte ich sie für meine Feinde gehalten. So ist der Mensch! Wenn ich das Recht habe, mich auf der Welt über irgend jemanden zu beklagen, so nur über mich selbst, Ich habe sogar unrecht, mich über das Schicksal zu beschweren und es anzuklagen, daß es mich meiner Zähne und der Schärfe meines Augenlichts beraubt hat, denn es kann sein, daß das durch meine Schuld geschehen ist. (7)

ALLES, was ich hier geschrieben habe, ist mit
jedem Buchstaben Wahrheit, und ich lasse 17
als Pfand dafür meine Ehre, welche ich immer meinem Leben vorgezogen habe, das Nichtswürdigkeit zerstört hat. Ich aber werde immer nur lieben können, was rein und klar ist. (8)

GOTT UND DIE WELT

ICH glaube an die Existenz eines unkörperlichen
Schöpfergottes, der Herr alles Gestaltgeworde- 21
nen ist. Der Beweis dafür, daß ich nie daran gezweifelt habe, ist für mich die Tatsache, daß ich stets auf seine Vorsehung zählte, in allen meinen Nöten durch das Gebet Zuflucht bei ihm suchte und auch stets erhört wurde. Verzweiflung tötet; das Gebet macht sie zunichte, und nach dem Gebet schöpft der Mensch Vertrauen und Tatkraft. Welcher Mittel sich das höchste Wesen bedient, um drohendes Unheil von jenen abzuwenden, die seine Hilfe erflehen, das zu erforschen, übersteigt die Kraft des menschlichen Verstandes. Sobald der Mensch über die Unbegreiflichkeit der göttlichen Vorsehung nachsinnt, sieht er, daß ihm nichts bleibt als Anbetung. Unsere Unwissenheit wird zu unserer einzigen Rettung, und wahrhaft glücklich sind jene, die sie in Ehren halten. Wir müssen deshalb Gott bitten und glauben, daß wir seine Gnade erlangt haben, selbst dann, wenn der Anschein uns sagt, daß sie uns nicht zuteil geworden ist. Ein Vers von Petrarca belehrt uns, in welcher Haltung wir uns mit unseren Bitten an den Schöpfer wenden sollen: *Con le ginocchia della mente inchine (*Auf den Knien des Herzens).

Der Mensch ist frei; doch er ist es nicht, wenn er nicht auch daran glaubt. Denn je mehr Macht er dem Schicksal beimißt, um so mehr beraubt er sich der

Macht, die Gott ihm verliehen hat, als er ihn mit Ver-
22 nunft begabte.

Die Vernunft ist ein Teil der göttlichen Natur des Schöpfers. Wenn wir uns ihrer bedienen, um demütig und gerecht zu sein, können wir dem, der sie uns geschenkt hat, nur wohlgefällig sein. Gott hört nur für jene auf, Gott zu sein, die seine Nichtexistenz für möglich halten. Eine größere Strafe kann sie gar nicht treffen. (9)

TAUSEND wirklich geschichtliche Ereignisse wären niemals eingetroffen, wenn man sie nicht vorhergesagt hätte. Wir selbst sind die Urheber unseres angeblichen Geschicks, und alle unabweisbaren Notwendigkeiten der Stoiker sind nur eingebildet; die Schlußfolgerung, die die Macht des Schicksals beweist, erscheint nur deshalb zwingend, weil sie sophistisch ist. Cicero machte sich darüber lustig. Jemand, den er zum Essen eingeladen, der zugesagt und ihn versetzt hatte, schrieb ihm, es sei einleuchtend, daß er nicht gekommen sei, weil er nicht *iturus* wäre (nicht der gewesen wäre, der kommen werde). Cicero antwortete ihm: *Veni ergo cras, et veni etiamsi venturus non sis* (Komm also morgen, und komme, selbst wenn Du nicht der bist, der kommen wird). Diese Erklärung schulde ich nun, da ich mich ausschließlich auf meinen gesunden Hausverstand verlasse, meinem Leser trotz des Grundsatzes: *Fata viam inveniunt* (Das Schicksal findet den Weg).

Wenn sich die Fatalisten durch ihr eigenes System *a parte ante* (von vornherein) verpflichtet fühlen, eine zwingende Verkettung aller Ereignisse anzunehmen, bleibt für die moralische Freiheit des Menschen kein Spielraum; er kann in diesem Fall weder Verdienst noch Schuld haben. Mir ist es unmöglich, mich bewußt lediglich als einen Automaten zu betrachten. (10)

ES steht außer Frage, daß eine edle Seele es nie fassen wird, sie könne nicht frei sein. Und dennoch, wer ist in dieser Hölle, die man die Welt nennt, wirklich frei? Niemand. Nur der Philosoph kann es sein, aber durch Opfer, die des Phantoms Freiheit vielleicht nicht wert sind. (11)

PHILOSOPHIE ist die Kunst, die Grundbegriffe und die Beziehungen zwischen all unseren Kenntnissen zu finden; die Kunst, Wirkungen zu vergleichen, um die Ursachen zu entdecken, und Ursachen zu berechnen, um alle möglichen Wirkungen hervorzubringen oder vorauszusehen. Alle Wissenschaften gehören daher zu ihr, und alle Kenntnisse unterliegen ihrer Einsicht. (12)

GOTT kann mir nur die Ebenbildlichkeit verliehen haben, die mit meinem Geist zusammen- 25
hängt; sie kann nur in der Fähigkeit bestehen, logisch zu denken. Diese Fähigkeit hängt von der Vernunft ab, die Vernunft von einer Seele, und diese Seele, obgleich erschaffen, kann ich auch mit der tiefschürfendsten Philosophie nur als unsterblich begreifen. Das unendliche Universum wird von einem unendlichen Gott regiert; mein Körper, diese unbedeutende Anhäufung von Materie, wird von mir regiert, ich bin seine Seele, deren geistige Substanz über alle seine Teile verbreitet ist. Dieser intelligente Geist, mit dem mich Gott in dem Augenblick, da er mich schuf, verbunden hat, kann nicht der Verwesung unterworfen sein, wenn er das Ebenbild des Schöpfers ist. Also muß der Geist sich bei der Auflösung der Materie von ihr trennen, um zu seinem Ursprung zurückzukehren. Mein irdischer Körper ist der Sitz meiner Seele, so wie die unendliche Materie der Sitz Gottes ist, und da nicht mein unsterblicher Geist meinen Körper am Leben erhält, sondern meine animalischen Funktionen, bin ich das Ebenbild Gottes, der im ganzen Universum ist, ohne seine Seele zu sein. (13)

DER Dämon verführte die Frau, indem er ihr sagte, an dem Tag, an dem sie von dieser Frucht äßen, würden sich ihre Augen auftun, und sie würden wie Gott sein, oder wie Götter, Engel oder Herrscher; denn die Worte »erkennend das Gute und das Böse« können im Original alles bedeuten.

Diese Worte vollendeten die Verführung. Die Schlange versicherte Eva, daß sie nicht sterben werde. Sie gab ihr zu verstehen, daß jenes Verbot nur der Eifersucht eines Gottes entsprungen sei, der ihnen nicht gönne, ebenso weise zu sein wie er selbst. Für Eva war eine Lüge undenkbar; sie wußte nicht, daß der Vater der Lüge selbst zu ihr sprach. Der heilige Paulus schreibt an Timotheus, daß der Verführte nicht Adam war, sondern Eva. Dabei dachte er offensichtlich an die Verführung durch die Schlange; aber ist Adam deshalb weniger schuldig? Er ist es hundertmal mehr, denn die Worte Evas hätten ihn, der ihr Herr und ihr an Einsicht überlegen war, nicht beeinflussen dürfen. Die Worte der Schlange, die Worte Evas, die Verführung, die Nachgiebigkeit, alles das ist eine große Lehre. Unsere Stammeltern sind zu beklagen; jeder von uns hätte an ihrer Stelle den gleichen Fehler begangen, und wenn wir es recht überlegen, müssen wir feststellen, daß wir ihn alle Tage begehen. Wer von uns, sagt Bacon von Verulam, hat sich nicht unglücklich gemacht, weil er

durch eigene Erfahrung wissen wollte, was gut und was böse ist? Wir haben alle einen Vater und eine
Mutter gehabt oder weise Menschen gekannt, die uns durch Erziehung anleiteten, die uns alle möglichen Folgen androhten oder uns sogar ein böses Ende voraussagten für den Fall, daß wir uns nicht durch ein tugendhaftes Verhalten davor bewahren. Aber diese weisen Lehren machen uns nicht den geringsten Eindruck, wenn wir Gelegenheit haben, uns zugrunde zu richten! Die gleiche Schlange, die zu Eva sprach, sagt auch uns, daß die Leute, die uns diese Lehren eingeschärft haben, verhindern wollten, daß wir ebenso weise würden wie sie, und wir fallen darauf herein; die Reue kommt dann stets zur Unzeit und wenn es zu spät ist. Wir schämen uns, wenn wir ein gewisses Alter erreicht haben, ohne uns reich an Erfahrungen zu fühlen; die Boshaften verspotten uns, und die Bezeichnung »Unschuldslamm«, mit der sie uns bedenken, erscheint uns viel kränkender, als wenn sie uns mit Recht Sünder nennen würden.

Manche murren, daß Gott wegen der Sünde des ersten Menschen das ganze Menschengeschlecht verdammt hat. Zur Verteidigung von Gottes Gerechtigkeit führt man das Argument an, Adams Wille habe den Willen des ganzen Menschengeschlechts in sich eingeschlossen. Dieser Grund wird, so gut er

sein mag, nicht von jedermann begriffen; jeder
28 glaubt, sich darauf berufen zu können, daß er nicht mitschuldig war. Ein anderer Grund ist einleuchtender und ehrlicher. Jedermann wird zugeben, daß er an Adams Stelle den gleichen Fehler begangen hätte. Der Schöpfer, dem alles gegenwärtig ist, verhängte deshalb das schicksalsschwere Verdikt über alle Nachkommen des Sünders. (14)

KRAFT meiner Vernunft glaube ich, und fühle mich darin durch die Worte der Heiligen 29
Schrift nicht widerlegt, daß die Materie stets bestanden hat und weiter bestehen wird. Das Bestehen der Materie neben Gott kann, so behaupte ich, die Herrlichkeit Gottes nur vermehren. Ohne Gott hätte die Materie ja nie etwas bewirken können, da sie von sich aus keine schöpferische Kraft und keinerlei Fähigkeit oder Intelligenz besitzt, die vom Willen des allein allmächtigen Schöpfers unabhängig wäre. Alle, die lesen können, sehen, daß in der Heiligen Schrift die Worte »erschaffen« und »bilden« ohne Unterschied gebraucht sind; zu denen, die nicht lesen können, spreche ich nicht. Es heißt dort nie »Gott schuf«, ohne daß auch gesagt würde, woraus, und das genügt, um zu beweisen, daß die Heilige Schrift nie unseren Glauben auf die Probe stellen und von uns die blinde Annahme einer Sache fordern wollte, die unserer Vernunft widerstrebt, jener Vernunft, die uns mit Recht als Ebenbilder Gottes auszeichnet. Wer durch einen Glaubensakt annimmt, was eigentlich Sache der Vernunft ist, erweist sich als träge und seiner Denkfähigkeit unwürdig. Wer ohne zwingenden Grund die Glaubensartikel vermehrt, erschwert den Weg zum ewigen Heil. Wer die Mysterien und deren tieferen Sinn mit den Mitteln der Vernunft ergründen will, zerstört sie; wer behauptet, die tief-

gründigste Philosophie sei nur dazu da, um zu den erhabensten Wahrheiten der Theologie vorzustoßen, entehrt die Philosophie, ohne sie zu kennen, und erniedrigt die Theologie zu einer Wissenschaft von Dummköpfen. Nur die Religion besitzt die Wahrheiten, die die Theologie uns enthüllt hat, und die Theologie hätte sie nie gefunden, wenn die Philosophie sie nicht gesucht hätte. *Philosophia quaerit, Theologia invenit, Religio possidit* (Die Philosophie fragt, die Theologie findet, die Religion besitzt).

Philosophie ist nur die Suche nach der Wahrheit; wer die Wahrheit nicht sucht, wird sie nicht finden, und wer sie nur besitzt, weil sie ihm verkündet wurde, hat nur das schwache Verdienst, sie angenommen zu haben, ist aber nicht in der Lage, sie zu verfechten. (15)

EIN metaphysischer Beweis für die Notwendig-
keit der Existenz Gottes ist die gesamte Natur, *31*
die in der Bewegung befindliche Materie, die wir sehen, die bewundernswerte Ordnung jenes Teiles des Universums, den wir wahrnehmen, die Vorsehung, die wir nicht leugnen können, unsere Existenz selbst, unsere Vernunft und unsere Fähigkeiten, die uns ihrerseits von der Göttlichkeit und der Unsterblichkeit unserer Seelen überzeugen. Alle diese Beweise verschwinden sofort, wenn wir eine Zeit annehmen, in der nichts war. Denn wo bleibt dann der Beweis, daß in dem Nichts ein Gott existiert hat? Wenn die von mir angeführten Dinge die Notwendigkeit seiner Existenz beweisen, so besteht dann diese Notwendigkeit nicht mehr. Gott hört also auf, notwendig zu sein. Nichts kann dann mehr Anspruch auf ihn machen. Die menschliche Überlegung muß sich darauf beschränken, ihm ein unbegründetes Dasein zuzuschreiben, das eines Gottes nicht würdig ist. Man wird einwenden, daß die Annähme seiner Vorexistenz notwendig sei, damit die Schöpfung sein Dasein beweisen könne. Ich gebe das zu. Aber man wird mir wiederum einräumen müssen, daß seine Existenz nicht nur im Hinblick auf die Schöpfung als notwendig angesehen werden kann. Und daß es ein Unding ist, zu glauben, daß er vor der Schöpfung zu nichts notwendig war. Man

kann unmöglich sagen, daß der Beweis für die Exi-
32 stenz Gottes erst seit sechstausend Jahren besteht.
Das würde heißen, daß er seit vorgestern existiert. Hiergegen wird man einwenden, daß das wahr sein mag, aber daß die Existenz Gottes nicht von Vernunftgründen abhängig sein kann, die uns von ihm überzeugen … Schön, auch das gebe ich zu. Dann wird man aber auch mir zugeben müssen, daß die Vorstellung von einem Gott, der erst vorgestern begonnen hat, etwas zu tun, ein Schlag ins Wasser ist. Dagegen wird man anführen, daß wir nicht wissen können, ob Gott nicht schon früher einen anderen Weltraum geschaffen habe. Er könne ihn millionenmal geschaffen und zerstört haben, Vorgänge, von denen wir eben nichts wüßten.

Eine gute und großartige Entgegnung! Es ist nur schade, daß Gott, der eine Welt aus nichts erschaffen konnte, gezwungen sein soll, sie zu zerstören, wenn er eine andere schaffen will. Und daß der allmächtige Gott, der alles in nichts verwandeln kann, nicht die Fähigkeit haben sollte, etwas zu schaffen, ohne etwas anderes zu zerstören. Denn ich hoffe, daß Ihr mir nicht einwenden werdet, Gott könne bewirken, daß zwei Welten zu gleicher Zeit bestehen. Wir werden uns dahin einigen, daß das unmöglich ist. Aber dann werdet Ihr mir auch zugeben, daß es eine unlogische Behauptung ist, zu sagen, einer, der das

Ganze zu schaffen vermöge, sei nicht fähig, einen Teil davon zu schaffen. – Ihr werdet diese Behauptung nicht aufstellen, denn Gott kann heute eine andere Sonne erschaffen. – Wo? – In irgendeinem Teil des Universums. – Das ist unmöglich, denn Erschaffen bedeutet nach Eurer Ansicht etwas aus nichts hervorbringen. Und das Nichts existiert nirgends. – Er wird den Raum in nichts verwandeln, wo er etwas Neues schaffen will. – Gott wäre also gezwungen, das Nichts zu erschaffen, bevor er die neue Sonne schüfe? – Etwas in nichts aufzulösen heißt nicht erschaffen, Sie verdrehen die Begriffe. – Gut, aber es ist doch klar, daß das Nichts, aus dem Gott die neue Sonne hervorbringen würde, auch Gott als Erzeuger haben muß. – Ja, wenn Sie so wollen. – Begreifen Sie, wie das Nichts sich inmitten des Weltraumes verwirklichen läßt? – Das scheint unmöglich, aber trotzdem muß ich die Möglichkeit annehmen, denn Gott wäre nicht allmächtig, wenn er nicht die Fähigkeit hätte, auch das zu erschaffen!

Da Sie sich die Vorstellung von mehreren Welträumen erlauben, die Gott geschaffen haben kann, oder die er, einen nach dem anderen, durch eine Unendlichkeit von Jahrhunderten zerstört hat, so daß auf diese Weise die Materie millionen- und millionenmal vernichtet und wieder erschaffen ist, wollen Sie mir bitte sagen, ob in der fortgesetzten Meta-

morphose des Nichts in Materie und der Materie in
34 nichts die Materie oder das Nichts der ältere Teil ist? Ich möchte mit anderen Worten wissen, ob das Nichts der Materie oder die Materie dem Nichts vorangegangen ist. – Das Nichts muß wohl an erster Stelle gewesen sein, weil die Materie geschaffen werden mußte. – Ist es möglich, daß die Materie vor dem Nichts bestanden hat? – Nein, denn Gott hätte sie dann als unabhängig anerkennen müssen. – Glauben Sie, daß er trotz seiner Allmacht sie dann hätte zerstören können? – Nein. – Aber, wenn er das Nichts in gleicher Ewigkeit wie sich selbst vorgefunden hätte, und dennoch die Fähigkeit besäße, es zu zerstören, warum würde er dann nicht dieselbe Macht über die Materie haben, wenn sie die gleiche Ewigkeit besäße wie er? – Glauben Sie mir, mein Herr Theologe, daß die Annahme einer ewigen Materie dem Schöpfer der Natur nichts von seiner Allmacht nimmt und nichts von seinen göttlichen Fähigkeiten. Und es ist viel besser, eine nichterschaffene Materie anzunehmen, als einen Gott vorauszusetzen, der keinen Plan einer Schöpferhandlung gefaßt haben kann, ohne die törichte Annahme der Vorherexistenz des Nichts, die Sie behaupten.

(16)

GLÜCK UND UNGLÜCK

WER behauptet, das Leben sei nur eine Häufung von unglücklichen Umständen, will damit sagen, das Leben selbst sei ein Unglück. Wenn das zutrifft, so ist der Tod demnach ein Glück. Das haben diese Leute nicht geschrieben, als sie bei guter Gesundheit waren, die Tasche voll Geld hatten und sich von Herzen freuten, weil sie zuerst eine Cecilia, dann eine Marina in den Armen gehalten hatten und wußten, daß diesen noch andere folgen würden. Dieses pessimistische Gelichter (...) kann nur im Kreise erbärmlicher Philosophen und durchtriebener oder sauertöpfischer Theologen Bestand haben. Wenn es die Lust gibt und wenn man sie genießen kann, solange man lebt, so ist das Leben doch ein Glück. Es gibt gewiß auch das Unglück; ich muß es ja wissen. Aber gerade dessen Vorhandensein beweist, daß das Gute überwiegt. Ich genieße es ungemein, wenn ich in einem dunklen Zimmer bin und das Licht durch ein Fenster sehe, das sich auf einen unbegrenzten Horizont auftut. (17)

ICH konnte nicht umhin, mich im tiefsten Grunde glücklich zu fühlen. Bei vollkommener Gesundheit, in der Blüte meiner Jahre, ohne irgendwelche Verpflichtungen, ohne die Notwendigkeit, vorsorgen zu müssen, reichlich mit Geld versehen, von niemandem abhängig, glücklich im Spiel und gern gesehen bei den Frauen, die mich interessierten, konnte ich mir mit vollem Recht sagen: »Nur weiter so!« (18)

ICH glaube, ein vernünftiger Mensch darf bestenfalls auf ein Vorgefühl drohender Gefahr achtgeben; denn das gibt die Vernunft ein. Eine Erwartung zukünftigen Glücks kommt aus dem Herzen, und das Herz ist ein Narr, dem es ähnlich sieht, auf das Glück zu zählen, das ja auch närrisch ist. (19)

EIN Mensch, der im Unrecht ist, erringt einen großen Sieg, wenn er seinen Fall vor sich selbst verteidigt und es ihm gelungen ist, sich zu überzeugen. Das ist das einzige Glück, dessen ich mich noch heute erfreue, wenn ich Selbstgespräche führe. Unglück ist mir in meinem ganzen Leben nur durch eigene Schuld zugestoßen, und fast alles Glück, das ich genossen habe, schreibe ich den Umständen zu. Das ist tatsächlich ein wenig ungerecht und beschämend; aber so ist der Mensch. Ich glaube, ich würde verrückt, wenn ich in meinen Selbstgesprächen feststellen würde, ich sei ohne meine Schuld unglücklich; denn wo sollte ich sie sonst suchen, ohne gezwungen zu sein, meine eigene Dummheit einzugestehen. Ich weiß, daß ich nicht dumm bin. (20)

ICH beklage die Dummköpfe, die für ihr Unglück das Schicksal verantwortlich machen, während sie sich an die eigene Nase fassen müßten. (21)

ICH liebte, ich wurde geliebt, ich war gesund, hatte viel Geld und gab es aus; ich war glücklich und gestand es mir ein, trotz aller dummen Morallehrer, die behaupten, es gäbe auf Erden kein wirkliches Glück. Schon der Ausdruck »auf Erden« bringt mich zum Lachen; als ob man es anderswo suchen könnte. *Mors ultima linea rerum est* (der Tod ist die letzte Zeile im Buch des Lebens). Es gibt ein vollkommenes und wirkliches Glück, solange es andauert. Es vergeht; aber sein Ende besagt nicht, daß es nicht bestanden hätte, und daß derjenige, der es genossen hat, es nicht eindeutig empfunden hätte. Leute, die das nicht zugeben wollen oder die Möglichkeiten, es sich zu verschaffen, vernachlässigen, verdienen es nicht. (22)

UM einen Menschen zu beurteilen, muß man sein Verhalten prüfen, wenn er gesund und frei ist; der Kranke oder der Gefangene ist nicht mehr er selbst. (23)

BEIM Mittagessen war die ganze Gesellschaft zufrieden und sehr heiter. Ich lachte innerlich, als man mich fragte, warum ich traurig sei. Das meinte man, weil ich nichts sprach; aber ich war weit davon entfernt, traurig zu sein! Es war einer der schönsten Augenblicke meines Lebens. In so schönen Augenblicken sammelt sich mein Geist in der göttlichen Ruhe wahrer Zufriedenheit; ich betrachtete mich als Autor dieser ganzen schönen Komödie und war hochbefriedigt, (auf meiner Waagschale) zu sehen, daß ich in diesem Kreis mehr Gutes als Schlechtes getan hatte, und daß es mir, ohne König zu sein, gelungen war, Glück zu stiften. Es gab niemanden bei Tisch, der mir nicht seine persönliche Zufriedenheit verdankte; diese Überlegung machte mich glücklich und dieses Gefühl konnte ich nur still genießen. (24)

DUMMHEIT

TROTZ des Vorrates an trefflicher Moral als natürlicher Frucht der in meinem Herzen eingewurzelten göttlichen Prinzipien bin ich mein Leben lang ein Opfer meiner Sinne gewesen. Vom rechten Weg abzuweichen machte mir Vergnügen, und ich habe fortwährend Fehler begangen; dabei hatte ich keinen anderen Trost als den, genau zu wissen, daß ich im Irrtum befangen war. Aus diesem Grunde hoffe ich, lieber Leser, daß du, weit davon entfernt, in meiner Geschichte schamlose Prahlerei zu entdecken, darin solche Züge findest, die einer Generalbeichte zustehen, obschon du im Stil meiner Berichte weder das Gehabe eines Büßers noch das Schuldgefühl eines Menschen finden wirst, der errötend über seine losen Streiche Rechenschaft ablegt. Das sind Jugendtorheiten. Du wirst sehen, daß ich darüber lache, und wenn du wohl gesonnen bist, wirst du mit mir lachen.

Du wirst lachen, wenn du liest, wie ich mir oft kein Gewissen daraus gemacht habe, Windbeutel, Spitzbuben und Dummköpfe hinters Licht zu führen, wenn es in meinem Interesse nötig war. Beim Umgang mit Frauen hingegen handelt es sich nur um gegenseitige Täuschungen, die man nicht rechnen kann; denn wenn die Liebe mit im Spiel ist, sind gewöhnlich beide Teile die Betrogenen. Ganz anders aber ist es mit den Dummköpfen. Ich beglückwün-

sche mich noch heute, wenn ich daran denke, wie sie
46 mir ins Garn gegangen sind; denn sie sind so unverschämt und anmaßend, daß sie sogar dem Geist die Stirn bieten. Wenn man einen solchen Dummkopf betrügt, rächt man den Geist; der Sieg lohnt die Mühe, denn der andere trägt einen Harnisch, und man weiß nicht, wo man ihn packen kann. Kurz, einen Dummkopf zu übertölpeln ist eine Tat, die eines Mannes von Geist würdig ist. Seit jeher steckt mir ein unbändiger Haß gegen dieses Gelichter im Blut, weil ich mich jedesmal selbst als dumm empfinde, wenn ich in ihrer Gesellschaft bin. Man muß sie freilich von jenen Menschen unterscheiden, die man einfältig nennt; denn da diese es nur aus mangelnder Bildung sind, mag ich sie recht gern. Ich habe unter ihnen durchaus achtbare Leute gefunden, die in ihrer Einfalt doch auch eine bestimmte Art von Geist besitzen. Sie erinnern an Augen, die sehr schön wären, würde der Star sie nicht trüben.

(25)

BETRUG ist gemein; eine rechtschaffene List ist jedoch nichts anderes als geschickt angewandte Klugheit, und das ist eine Tugend. Allerdings sieht sie oft einer Gaunerei ähnlich, aber das muß man hinnehmen. Wer sie nicht anzuwenden versteht, ist ein Tropf. (26)

ICH habe sehr viele Dummheiten in meinem Leben begangen; ich gestehe das mit der gleichen Treuherzigkeit wie Rousseau, jedoch mit geringerer Eigenliebe als dieser unglückliche große Mann. (27)

ALS eingeschworener Libertin und in das Leben, das ich führte, verliebt, zog ich Nutzen aus der Verrücktheit einer Frau, die, wenn nicht von mir, von einem anderen betrogen sein wollte. (28)

48 SIR Hamilton war ein ungewöhnlich begabter Mann; man hat mir erzählt, daß er kürzlich ein Mädchen geheiratet hat, das es fertigbrachte, ihn verliebt zu machen. Dieses Mißgeschick stößt oft Männern zu, die ihr Leben lang verstanden haben, ihm aus dem Weg zu gehen; das Alter schwächt Herz wie Verstand. Sich zu verheiraten ist immer eine Dummheit; doch wenn ein Mann sie begeht, der sich dem Alter nähert, ist sie tödlich. Die Frau, die er heiratet, kann für ihn nur Gefälligkeiten aufbringen, die er mit seinem eigenen Leben bezahlt, das er sicherlich verkürzt; und wenn diese Frau zufällig in ihn verliebt ist, befindet er sich in einer noch viel schlimmeren Lage. Er stirbt unweigerlich in zwei oder drei Jahren. (29)

ICH mochte mich noch so bemühen, die Frauen wollten sich nicht mehr in mich verlieben; ich mußte mich entscheiden, darauf zu verzichten oder mich schröpfen zu lassen, und die Natur zwang mich, den letzteren Ausweg zu wählen, den mich heute die Liebe zum Leben endlich verwerfen läßt. Der traurige Sieg, den ich davongetragen habe, nötigt mich nun am Ende meiner Laufbahn, allen meinen Nachfolgern zu verzeihen und über alle zu lachen, die mich um Rat fragen, weil ich voraussehe, daß der größte Teil von ihnen keineswegs geneigt ist, meinen Rat anzunehmen. Diese Gewißheit bewirkt, daß ich Ratschläge mit einem viel größeren Vergnügen erteile, das ich nicht empfinden würde, wenn ich nicht genau wüßte, daß man sie nicht befolgen wird; denn der Mensch ist ein dummes Tier, das nur durch bittere Erfahrung belehrt werden kann. Dieses Gesetz hat zur Folge, daß die Welt immer in Unordnung und Unwissenheit bleiben wird, denn auf hundert Leute kommt höchstens ein Kluger. (30)

LASTER

MEIN ganzes Leben lang nahm mich das Laster völlig gefangen, und doch verehrte ich gleichzeitig die Tugend abgöttisch. (31)

LASTER ist nicht gleichbedeutend mit Frevel, denn man kann lasterhaft sein, ohne zu freveln. Ich war es mein ganzes Leben lang und wage sogar zu behaupten, daß ich mitten im Laster häufig tugendhaft war. Es ist wohl richtig, daß jedes Laster das Gegenteil von Tugend sein muß; dennoch fügt es sich in die allgemeine Harmonie ein. Meine Laster haben stets nur mich selbst bestraft, außer in den Fällen, in denen ich verführt habe; aber die Verführung war niemals kennzeichnend für mich, denn ich habe stets nur unbewußt verführt, weil ich selbst verführt war.

Ein Mensch, der berufsmäßig verführt und nur dieses Ziel kennt, ist eine abscheuliche Kreatur und grundsätzlich der Feind des Geschöpfes, auf das seine Wahl gefallen ist. Er ist wahrlich ein Frevler; denn wenn er über die erforderlichen Gaben der Verführung verfügt, macht er sich ihrer unwürdig, indem er sie mißbraucht, um ein Mädchen unglücklich zu machen. (32)

LUST

LUST ist das Erlebnis eines Sinnengenusses, ist die vollkommene Befriedigung, die man den Sinnen in allem gewährt, was sie begehren; und wenn diese erschöpft oder ermüdet nach Ruhe verlangen, um Atem zu holen oder neue Kräfte zu sammeln, dann fließt die Lust aus der Phantasie, die sich darin gefällt, über das Glück nachzusinnen, das der innere Friede gewährt. Ein Philosoph ist also, wer sich keine Lust versagt, außer wenn das nachfolgende Leid überwiegt, und wer stets neue zu ersinnen weiß.

(33)

EINZIG der Mensch ist wirklicher Lust fähig, denn er ist mit dem Vermögen des Denkens begabt; er erwartet die Lust, er sucht sie, er verschafft sie sich und erinnert sich ihrer, wenn er sie genossen hat. Lieber Leser, ich bitte dich, mir zu folgen, denn wenn du mich im Stich läßt, bist du unhöflich. Wie liegen also die Dinge? Der Mensch steht auf der gleichen Stufe wie die Tiere, wenn er sich den drei Trieb- en überläßt, ohne sein Denken dabei zu beteiligen. Wenn unser Geist das Seine dazu beiträgt, werden diese drei Befriedigungen zur Lust, zur Lust und noch einmal zur Lust; das ist eine unerklärliche Empfindung, die uns das sogenannte Glück genießen läßt, das wir auch nicht erklären, sondern nur fühlen können.

Der sinnenfreudige, denkende Mensch verachtet die Gefräßigkeit, die Hurerei und die brutale Rache in einer ersten Zornesaufwallung. Er ist vielmehr ein Feinschmecker; er verliebt sich, aber er will das geliebte Geschöpf nur besitzen, wenn er sicher ist, geliebt zu werden; wenn er sich beleidigt fühlt, so wird er sich erst rächen, wenn er kaltblütig die geeignetsten Mittel zu seiner Rache gefunden hat, die ihn die Lust auskosten lassen. Er mag sich dabei als grausamer empfinden; aber es tröstet ihn, daß er sich für vernünftiger hält. Diese drei Verhaltensweisen sind das Werk des Verstandes, der auf der Jagd nach Lust

zum Diener der Leidenschaften wird, *quae nisi pa-
rent imperant* (die, wenn sie nicht gehorchen, be- 59
fehlen). Wir erdulden den Hunger, um das Fleisch-
gericht besser zu genießen; wir zögern den Höhe-
punkt der Lust hinaus, um sie zu steigern; und wir
warten mit einer Rache, um sie mörderischer zu ma-
chen. Es ist freilich richtig, daß man häufig an ver-
dorbenem Magen stirbt, daß wir uns in der Liebe
durch Trugschlüsse täuschen oder täuschen lassen
und daß der Feind, den wir vernichten wollen, häu-
fig unserer Rache entgeht; aber diese Gefahren neh-
men wir gern in Kauf. (34)

LIEBE

WIE seltsam ist doch die Liebe! Was nützt es, alles gelesen zu haben, was die angeblich Wei- *63*
sen über ihre Natur geschrieben haben, und was nützt es, mit zunehmendem Alter darüber zu philosophieren. Ich werde sie nie als Tändelei oder Nichtigkeit abtun können. Sie ist eine Art Wahnsinn, über welche die Philosophie keine Macht besitzt, eine Krankheit, die den Menschen in jeder Lebenszeit befallen kann und die unheilbar ist, wenn sie einen im Alter überfällt. Unerklärliche Liebe! Gott der Natur! Nichts ist süßer als ihre Bitternis, nichts ist bitterer als ihre Süße. Göttliches Ungeheuer, das man nur mit widersprüchlichen Definitionen fassen kann. (35)

ES ist unmöglich, daß ein Mensch, selbst wenn er
64 keine ausgesprochene Leidenschaft für Musik
hat, sich nicht dafür begeistert, wenn das Geschöpf,
das er liebt, sie in vollendeter Weise pflegt. Die
menschliche Stimme des Cellos, das im Klang jedes
andere Instrument übertrifft, ging mir zu Herzen,
wenn Henriette es spielte, und sie wußte es. Sie
machte mir jeden Tag diese Freude, und ich schlug
ihr vor, Konzerte zu geben; sie war jedoch klug
genug, niemals einzuwilligen. (36)

ICH flog vor Liebe glühend in ihre heißen Arme und gab ihr hierfür sieben Stunden lang die feurigsten Beweise, die wir nur durch ebenso viele Viertelstunden unterbrachen, um uns mit den zärtlichsten Worten anzuspornen. Sie lehrte mich nichts Neues, was den Akt selbst betraf; aber eine ungeahnte Vielfalt an Seufzern, Verzückungen, Ausbrüchen und Sinnesempfindungen, die man nur in solchen Augenblicken erlebt. Jede Entdeckung beschwingte mein Herz zur Liebe, die mir neue Kräfte schenkte, um ihr meine Dankbarkeit zu zeigen. Staunend erfuhr sie, für welche Wonnen sie empfänglich war, als ich ihr so manches zeigte, was sie für unmöglich gehalten hatte. Ich tat mit ihr, was zu fordern sie nicht gewagt hätte, und ich belehrte sie, daß die geringste Scheu die größten Wonnen schmälert. Beim Läuten des Weckers hob sie wie eine Götzendienerin ihre Augen zum dritten Himmel, um Mutter und Sohn zu danken, daß sie ihr so reichlich gelohnt hatten, was sie an Opfern gebracht hatte, als sie mir ihre Liebe gestand. (37)

ICH finde es lächerlich, wenn ich gewisse Frauen die Männer treulos nennen und sie der Unbeständigkeit anklagen höre. Sie hätten dazu Grund, wenn sie nachweisen könnten, daß wir in dem Augenblick, da wir ewige Treue schwören, die Absicht hätten, sie ihnen nicht zu halten. Leider lieben wir, ohne die Vernunft zu Rate zu ziehen, und sie mischt sich auch dann nicht ein, wenn wir aufhören zu lieben. (38)

EIN Mädchen, das einen Mann durch das wenige, was es ihn sehen läßt, auf das übrige neugierig macht, hat ihn bereits zu drei Vierteln verliebt gemacht; denn was ist die Liebe anderes als eine Art Neugier, wie ich wetten möchte, die stärkste, die man in der Natur finden kann. (39)

ICH hatte Bedürfnis nach einer Frau, nicht um meine Gelüste zu befriedigen, sondern um zu lie- *67*
ben und im Gegenstand meiner Zuneigung viele Vorzüge hinsichtlich der Schönheit wie auch der inneren Qualitäten zu entdecken; und meine aufkeimende Liebe gewann an Kraft, wenn ich voraussah, daß die Eroberung mich Mühe kosten werde. Die Möglichkeit eines Mißerfolgs zog ich gar nicht in Betracht; ich wußte, daß keine Frau der Welt einem beharrlichen Werben und all den Aufmerksamkeiten eines Mannes widerstehen kann, der sie verliebt machen will. (40)

BIS zu diesem Augenblick hatte mich nur die Liebe beseelt; aber nach dem blutigen Opfer fand ich mich zu meiner Überraschung von Achtung und Dankbarkeit durchdrungen. Ich bemühte mich, sie zum Ausdruck zu bringen, um ihr die Gewißheit zu geben, daß ich mir des ganzen Umfangs meines Glücks bewußt war und immer bereit sein würde, mein Leben den offenkundigsten Gefahren auszusetzen, um sie von meiner unwandelbaren Zuneigung zu überzeugen. (41)

DANN gingen wir zu Walsh, wo die berühmte Kitty Fisher den Herzog ** erwartete, der sie auf einen Ball führen sollte. Sie trug Diamanten für mehr als hunderttausend Taler. Goudar sagte mir, ich könne die Gelegenheit nützen und sie für zehn Guineen haben; aber ich wollte nicht. Sie war reizend, doch sie sprach nur englisch. Da ich nur mit allen meinen Sinnen lieben konnte, wollte ich dabei nicht auf das Hören verzichten. (42)

SO sah ich mich also in Begleitung eines gewissermaßen vom Himmel geschneiten Mädchens und fühlte mich als achtbarer Hüter seines Geschicks. Es war der wohlmeinende Schutzengel der Schönen, der sie mir anvertraut hatte, denn ich war sicherlich unfähig, ihr Böses anzutun. Aber war es mein guter oder schlechter Genius, der sie mir bescherte? Das konnte ich nicht wissen. So ließ ich der Sache ihren Lauf, ohne daran denken zu wollen, daß ich nicht mehr jung war und daß mir der richtige Blick für solche Dinge, mit dem ich gesegnet gewesen war, zu fehlen begann.

Ich war gewiß, daß dieses Mädchen, wenn es nur einigermaßen Verstand hatte, sich nur deshalb entschlossen hatte, mit mir zu kommen, weil es bereit war, sich allen meinen Wünschen mit einer grenzenlosen Bereitwilligkeit zu fügen; aber das genügte mir nicht. Meine Marotte war, geliebt zu werden. (43)

ICH sah wie schon so oft, daß *sublata lucerna nullum discrimen inter feminas* (bei gelöschter Lampe sind alle Frauen gleich). Ein wahres Sprichwort in bezug auf den körperlichen Genuß, aber falsch, sogar sehr falsch in bezug auf die Liebe. Die seelische Anziehungskraft beruht auf dem Gesicht; das ist vielleicht der stärkste Beweis, daß der Mensch eine Seele hat, die ihn vom Tier völlig unterscheidet.

(44)

ICH überlegte, welche Art von Verzauberung mich zwang, mich stets wieder in eine Frau zu verlieben, die mir neu erschien und doch nur das gleiche Verlangen einflößte wie die letzte, die ich geliebt und zu lieben aufgehört hatte, weil das Verlangen erloschen war. Aber war die Frau, die mir neu erschien, das im wesentlichen wirklich? Keineswegs, denn es war immer das gleiche Theaterstück, nur der Titel war neu. Doch wenn ich ihre Gunst errang, wurde mir dann klar, daß es die gleiche war, die ich schon so viele andere Male genossen hatte? Beklagte ich mich? Fand ich mich betrogen? Keineswegs. Der Grund ist, daß ich beim Genuß des Stückes meine Augen stets auf die Ankündigung, auf das reizende Titelblatt gerichtet hielt, bestehend in einem bezaubernden Antlitz, das mich verliebt gemacht hatte. Aber wenn demnach die ganze Illusion auf dem Titel des Stückes beruht, wäre es dann nicht besser, es sich anzusehen, ohne die Ankündigung gelesen zu haben? Was nützt es, den Namen eines Buches zu wissen, das man lesen will, eines Gerichts, das man essen will, einer Stadt, die man um ihrer Schönheit willen besichtigen will?

Das trifft alles buchstäblich für eine Stadt, für ein Gericht, für eine Komödie zu; der Name hat nichts zu sagen. Aber jeder Vergleich hinkt. Darin unterscheidet sich der Mann von allen anderen Lebe-

wesen, daß er sich in eine Frau nur durch die Ver-
72 mittlung eines seiner Sinne verlieben kann, die alle, mit Ausnahme des Tastgefühls, ihren Sitz im Kopf haben. Wenn er Augen hat, übt deshalb das Gesicht auf ihn den ganzen Zauber der Liebe aus. Der schönste Frauenkörper, der sich mit verhülltem Kopf, sonst aber ganz unbekleidet, seinen Blicken darböte, könnte zum Sinnenrausch reizen, doch nie zu dem, was man Liebe nennt; denn wenn man vor einem Mann in dem Augenblick, da er seinem Instinkt folgt, den Kopf als den Beherrscher dieses schönen Körpers enthüllt, und dieser wahrhaft häßliche Gesichtszüge zeigt, die Ekel, Widerwillen gegen die Freuden der Liebe und oft sogar Abscheu erregen, wird er mit einer Art von Entsetzen über sein tierisches Wesen, dem er gerade nachgeben wollte, zurückzucken. Das Gegenteil tritt ein, wenn ein Gesicht, das einem Mann schön erscheint, ihn verliebt gemacht hat. Erringt er die Frau, so wird keine Mißbildung oder Häßlichkeit ihres Körpers ihn abstoßen, er würde sogar das Häßliche schön finden, wenn ihm an einer Prüfung etwas läge; doch darum kümmert er sich nicht. (45)

ALLE Trennungen sind höchst schmerzlich, und die letzte wirkt stets weit schmerzlicher als die vorangegangenen. Ich wäre hundertmal gestorben, hätte mir Gott nicht die glückliche Veranlagung gegeben, leicht einen Entschluß zu fassen und mich in wenigen Tagen zu beruhigen. Man nennt das zu Unrecht Vergessen. Das Vergessen entspringt der Schwäche; sich bei etwas Neuem zu beruhigen ist eine Kraft, die man zu den Tugenden zählen kann.

(46)

FRAUEN

NICHTS hat je eine stärkere Macht auf mich ausgeübt als ein schönes weibliches Gesicht,
selbst das eines Kindes. Das Schöne, behauptet man, besitze diese Kraft. Zugegeben, denn das, was mich anzieht, erscheint mir sicherlich schön; aber ist es wirklich schön? Ich muß es bezweifeln, denn was mir schön erscheint, wird durchaus nicht immer von allen so empfunden. Die vollendete Schönheit existiert also nicht, oder sie hat doch für sich allein nicht diese Kraft. Alle, die je von Schönheit gesprochen haben, retteten sich in Ausflüchte; sie mußten sich an die Bezeichnung halten, die Griechen und Römer ihr gegeben haben: Form. Schönheit ist also nichts anderes als Form schlechthin. Was nicht schön ist, hat keine Form und ist »formlos« im Gegensatz zu *pulcrum* (schön) oder *formosum* (wohlgeformt). Wir versuchen mit Recht, Dinge begrifflich festzulegen; aber wenn die Definition schon durch ihren Namen gegeben ist, warum sollten wir diese dann anderswo suchen? (...)

Was also über mich stets eine absolute Herrschaft ausübte, war die beseelte Schönheit einer Frau, und das heißt die Schönheit ihres Gesichts. Dort liegt ihr ganzer Reiz, und so kommt es auch, daß uns die Sphinxe, wie sie in Versailles oder Rom zu sehen sind, fast in ihren Körper verliebt machen können, obgleich er im wahrsten Sinn des Wortes unförmig

ist. Wenn wir ihr Gesicht betrachten, gelingt es uns,
78 ihre Unförmigkeit schön zu finden. Aber worin besteht diese Schönheit? Wir wissen nichts darüber, und wenn wir sie Gesetzen unterwerfen oder diese Gesetze definieren wollen, reden wir um die Sache herum wie Sokrates. Ich weiß nur, daß der äußere Anblick, der mich bezaubert, der mich entrückt und mich verliebt macht, Schönheit genannt wird. Sie wirkt auf unseren Gesichtssinn, und für ihn spreche ich. Könnte er sprechen, so würde er sich mit größerer Sachkenntnis ausdrücken als ich. (47)

MADAME Lebel ist eine der zehn oder zwölf Frauen, die ich in meiner glücklichen Jugend am zärtlichsten geliebt habe. Sie besaß alles, was man sich für eine glückliche Ehe hätte wünschen können, wenn es mir beschieden gewesen wäre, diese Seligkeit kennenzulernen. Mit meiner Veranlagung habe ich aber vielleicht gut daran getan, mich nicht unwiderruflich zu binden, obwohl die Unabhängigkeit in meinem Alter eine Art von Sklaverei ist. Hätte ich eine Frau geheiratet, die so geschickt gewesen wäre, mich zu lenken und zu beherrschen, ohne mich mein Joch fühlen zu lassen, so hätte ich mir mein Vermögen bewahrt, Kinder gehabt und wäre jetzt nicht mutterseelenallein und arm.

Aber lassen wir diese Abschweifungen über unwiderruflich Vergangenes; da ich mein Glück in meinen Erinnerungen finde, wäre ich verrückt, wenn ich nutzlosen Selbstanklagen nachhängen würde.

(48)

WÄHREND meiner langen Laufbahn als Libertin hat mich mein unüberwindlicher Hang zum schönen Geschlecht alle Mittel der Verführung anwenden lassen, und ich habe einigen hundert Frauen, deren Reize mein Interesse geweckt hatten, den Kopf verdreht; aber den besten Erfolg hatte ich stets, wenn ich Novizinnen, deren moralische Prinzipien und Vorurteile der Eroberung im Wege standen, vorsorglich nur in Gesellschaft einer zweiten Frau angriff. Ich wußte schon früh, daß ein junges Mädchen sich einfach aus Mangel an Mut schwer verführen läßt, während es sich in Gegenwart einer Freundin verhältnismäßig leichter ergibt; die Schwächen der einen führen zum Fall der andern. Freilich bedarf es einer doppelten Anstrengung, aber man wird für seine Mühe reichlich entschädigt. (...) Wenn die Freundin sich, um nicht erröten zu müssen, eine ganz unbedeutende Gunst rauben läßt, wird sie die erste sein, die andere zu einer größeren anzuspornen; und wenn der Verführer geschickt ist, hat sich die Unschuldige ahnungslos bereits zu weit vorgewagt, um noch zurückweichen zu können. Außerdem, je unschuldiger eine junge Person ist, um so weniger weiß sie von den Wegen und dem Ziel der Verführung. In ihrer Unkenntnis verfällt sie dem Reiz des Vergnügens; Neugier mischt sich ein, und die Gelegenheit tut ein übriges. (49)

BEI Tisch jedoch war sie reizend; aber ich war so entmutigt, daß man mich langweilig fand. Frauen hatten stets die Macht, mich anzuregen oder meinen Geist zu dämpfen. (50)

ICH habe die Frauen bis zum Wahnsinn geliebt, aber stets zog ich ihnen meine Freiheit vor. Wenn ich mich in Gefahr befand, sie einzubüßen, gelang es mir stets, wenn auch mit knapper Not, mich zu retten. (51)

JE älter ich wurde, um so mehr gewannen Frauen
82 mit Geist meine Zuneigung. Der Geist wurde zum Ansporn, dessen meine abgestumpften Sinne bedurften, um lebendig zu werden. Bei Menschen mit andersgeartetem Temperament als dem meinen geschieht genau das Gegenteil. Ein sinnlicher Mann will, wenn er altert, nur noch das Handgreifliche, nur noch Frauen, die in den Künsten der Venus erfahren sind, gewiß aber keinerlei philosophische Gespräche. (52)

NACH Untersuchung aller dieser Mißlichkeiten, denen wir Männer nicht unterworfen sind, frage ich, ob man nicht annehmen muß, daß die *semper sibi consona* (stets sich selbst getreue) und in ihren Reaktionen und Ausgleichen stets gerechte Natur dem weiblichen Geschlecht ein Lustgefühl zuteil werden ließ, das es für die von ihm untrennbaren Verdrießlichkeiten entschädigt. Jedenfalls kann ich versichern, daß die Lust, die ich empfand, wenn mich eine geliebte Frau glücklich machte, sicherlich groß war, daß ich aber gewiß verzichtet hätte, wenn ich mich um dieser Lust willen der Gefahr hätte aussetzen müssen, schwanger zu werden. Die Frau nimmt das selbst dann auf sich, wenn sie diese Erfahrung schon mehrmals gemacht hat; sie findet also, daß die

Lust den Einsatz wert ist. Nach allen diesen Überlegungen frage ich mich, ob ich als Frau wiedergeboren werden wollte, und trotz der Neugier sage ich nein. Ich habe als Mann genügend andere Freuden, die mir als Frau nicht zugänglich wären und mich mein Geschlecht dem andern vorziehen lassen. Ich gebe allerdings zu, daß ich mich, um das schöne Vorrecht der Wiedergeburt zu haben, auch damit zufriedengeben würde; besonders heute wäre ich einverstanden, nicht nur als Frau, sondern sogar als irgendein stumpfes Geschöpf wiedergeboren zu werden, das aber nur, wenn ich mein Gedächtnis behielte, denn ohne das wäre ich nicht ich selbst. (53)

LEBENSKUNST

OBWOHL der Mensch frei ist, darf man doch nicht glauben, daß er Herr sei, alles zu tun, was 87
er will. Er wird zum Sklaven, wenn er sich im Bann einer Leidenschaft zum Handeln verleiten läßt. *Nisi paret imperat* (Wenn das Herz nicht Untertan ist, herrscht es). Der ist weise, der die Kraft hat, mit dem Handeln zu warten, bis die Ruhe bei ihm eingekehrt ist. Ein solcher ist selten.

Der Leser, der zum Nachdenken neigt, wird aus diesen meinen Erinnerungen ersehen, daß ich nie auf ein bestimmtes Ziel zusteuerte und deshalb nur dem System folgte – wenn es überhaupt eines ist –, mich dahin treiben zu lassen, wohin der Wind blies.

(54)

88 WENN ich mir die Vergnügen ins Gedächtnis zurückrufe, die ich genossen habe, erlebe ich sie aufs neue und lache über die Mühsale, die ich ausgestanden habe und nun nicht mehr spüre. Als Teil des Alls richte ich meine Worte an die Luft und stelle mir vor, ich legte über meine Amtsführung Rechenschaft ab, so wie ein Haushofmeister es seinem Herrn gegenüber tut, bevor er abtritt. Über meine Zukunft habe ich mir als Philosoph nie Sorgen machen wollen, denn von ihr weiß ich nichts; mir als Christen muß der Glaube ohne jede Deutelei genügen, und der reinste Glaube bewahrt tiefes Stillschweigen. Ich weiß, daß ich gelebt habe; und da ich dessen gewiß bin, weil ich Empfindungen hatte, weiß ich auch, daß ich dann nicht mehr existieren werde, wenn ich zu fühlen aufhöre. Sollte es mir jedoch nach meinem Tod geschehen, daß ich immer noch fühle, so werde ich an nichts mehr zweifeln; aber ich werde dann alle jene Lügen strafen, die mir einreden wollen, ich sei tot. Eine tröstliche Philosophie behauptet im Einklang mit der Religion, die Abhängigkeit der Seele von den Sinnen und den Organen des Körpers sei nur zufällig und vorübergehend, und sie werde frei und glücklich sein, wenn der Tod des Leibes sie aus deren tyrannischer Herrschaft entläßt. Das klingt sehr schön, aber es ist, wenn man von der Religion absieht, keineswegs si-

cher. Da ich mich also erst nach meinem Lebensende
in der vollkommenen Gewißheit wiegen darf, un- *89*
sterblich zu sein, wird man mir verzeihen, wenn ich
es nicht eilig habe, zur Erkenntnis dieser Wahrheit zu
gelangen. Eine Erkenntnis, die das Leben kostet, ist
zu teuer erkauft. Bis dahin verehre ich Gott, indem
ich mir jede unrechte Tat untersage und die unge-
rechten Menschen verabscheue, ohne ihnen indes-
sen Böses zu tun. Mir genügt es, wenn ich unterlas-
se, ihnen Gutes zu tun. Schlangen soll man nicht
auch noch füttern. (55)

DA ich meine Ernährung immer meiner körper-
90 lichen Verfassung anpaßte, erfreute ich mich stets einer guten Gesundheit; und nachdem ich gelernt hatte, daß ihr immer Maßlosigkeit, sowohl im Essen wie in der Enthaltsamkeit abträglich ist, hatte ich nie einen anderen Arzt als mich selbst. Allerdings habe ich die Enthaltsamkeit als weit gefährlicher erkannt. Ein Zuviel verursacht Magenbeschwerden, ein Zuwenig aber führt zum Tod. Heute, als alter Mann, darf ich trotz meines ausgezeichneten Magens nur noch eine Mahlzeit am Tage zu mir nehmen. Was mich für diese Kasteiung entschädigt, sind mein gesunder Schlaf und die Leichtigkeit, mit der ich meine Betrachtungen zu Papier bringe, ohne der Verstiegenheiten zu bedürfen oder Spitzfindigkeiten über Spitzfindigkeiten zu drechseln, die eher dazu geeignet wären, mich selbst zu betrügen als meine Leser; denn niemals könnte ich mich dazu entschließen, ihnen falsche Münze zu geben, wenn ich wüßte, daß sie falsch ist. (56)

DA ich mich jederzeit als die Hauptursache aller Widerwärtigkeiten, die mir zustießen, erkannte, habe ich mich stets mit Freuden in der Lage gesehen, mein eigener Schüler zu sein, und pflichtschuldigst meinen Lehrer geliebt. (57)

IM Verkehr mit Menschen muß man mit vertraulichen Geständnissen sparsam sein. Die Zahl der tatsächlichen Ereignisse, die man mit Stillschweigen übergehen muß, ist weit größer als die der erfundenen, die sich offen erzählen lassen. (58)

92 MEIN Leben lang habe ich nichts anderes getan, als mich angestrengt, krank zu werden, wenn ich mich meiner Gesundheit erfreute, und mich angestrengt, meine Gesundheit wiederzuerlangen, wenn ich sie verloren hatte. Sowohl bei der einen wie bei der anderen Mühe habe ich in gleicher Weise besten Erfolg gehabt und erfreue mich heute in dieser Hinsicht einer vollkommenen Gesundheit, die ich gern noch schädigen würde; aber das Alter verwehrt es mir. (59)

NICHTS kann dem denkenden Menschen teurer sein als das Leben; dennoch beweist der am meisten Sinnenfreude, der die allzu schwierige Kunst am besten versteht, es rasch verstreichen zu lassen. Man will es nicht verkürzen, sondern man möchte, daß sein Verstreichen durch das Vergnügen unmerklich wird. Es ist gut, wenn man seine Pflichten nicht versäumt hat. Wer aber nur solche zu haben glaubt, die den Sinnen schmeicheln, täuscht sich; und möglicherweise hat sich auch Horaz getäuscht, als er zu Julius Florus sagte: *Nec metuam quid de me judicet heres, quod non plura datis inveniet.* (Auch soll es mich nicht kümmern, was der Erbe über mich sagt, weil er nicht mehr findet, als was mir gegeben wurde.)

Am glücklichsten ist der Mensch, der in der Kunst wohlbewandert ist, glücklich zu werden, ohne seine Pflichten zu vernachlässigen; besonders unglücklich aber ist, wer einen Beruf ergriffen hat, in dem er tagtäglich von morgens bis abends die traurige Verpflichtung hat, an die Zukunft zu denken. (60)

94 NACH einer Beschreibung Deutschlands, die ein gerechtes Urteil enthält und von der Nation auf Grund ihrer guten Eigenschaften, die alle Welt ihr zubilligt, ein entsprechendes Bild entwirft, könnte jemand, der gern Schlüsse zieht, glauben, daß sich dort die Bequemlichkeiten des Lebens in hohem Maße finden und Bescheidenheit sowie Höflichkeit herrschen. Aber er wird bald zu seinem Erstaunen feststellen, daß man dort nur auf Stroh gut gebettet liegt, daß die Gelehrten Despoten sind und daß jeder meint, es sei ihm erlaubt, auf Briefe nicht zu antworten. Diese Tatsache ist kaum glaubhaft, aber sie ist wahr. Man könnte denken, daß es eher erlaubt sei, einen Gruß nicht zu erwidern, als einen Brief. Keineswegs. Jeder Deutsche grüßt denjenigen höflich wieder, der ihm einen Gruß entbietet, aber er beantwortet nur sehr selten einen Brief. Er behauptet dabei gar nicht einmal, den Brief nicht empfangen zu haben, denn er ist wahrheitsliebend. Aber er antwortet einfach nicht. Und diese Unterlassungssünde wird dort viel öfters von den Schriftstellern begangen als von den großen Herren. Seltsamer Kontrast! (61)

Es gibt niemanden auf der Welt, der es nicht vermöchte, die Musik zu erlernen, und es gibt niemanden, der sie nicht liebte. Die beste Musik ist jene, die den meisten gefällt. Und man kann niemandem das Recht streitig machen, über sie sein Urteil abzugeben. Die Musik hat keinen anderen Zweck, als dem Ohr zu gefallen. Ihr Einfluß auf die Sinne, die Leidenschaften und auf die seelischen Stimmungen ist ein zufälliger. Er stellt eine nebensächliche Wirkung dar, die nicht in dem eigentlichen Zweck eingeschlossen ist. 95

Diese reizvolle Kunst ist ein Luxusgeschenk der Natur an den Menschen, um ihn davon zu überzeugen, daß sie sich nicht darauf beschränkt hat, ihm nur das Notwendige und das Nützliche zukommen zu lassen. Sie hat den König der Tierwelt auszeichnen wollen durch ein verschwenderisches Geschenk, das nur von ihm geschätzt werden kann. Sie hat damit das Gehör als einen Sinn anerkannt, der sich ohne dasselbe für viel weniger glücklich gehalten hätte als die anderen. Denn ohne die Musik hätte er sich dazu verurteilt gesehen, lediglich den Verstand zu ermüden. Die Musik gefällt dem ganzen Wesen eines jeden, der sie hört. Sie erzeugt keinen Zweifel, sie ist keiner Lüge verdächtig, sie stellt den Verstand vor kein Problem, sie ist keine Bringerin schlechter Nachrichten, auch schmeichelt sie nicht, beleidigt

nicht, lobt und tadelt niemand. Sie ist endlich kei-
96 nem Mißverständnis des Gehörs unterworfen, sondern sie ist die Ursache, daß dieser Sinn sich mit Recht den anderen gleichberechtigt fühlt, die im übrigen alle unendlich mehr Fähigkeiten und Gaben besitzen. (62)

ALTER UND TOD

ICH kann mir nicht ohne Grauen vorstellen, daß ich gegenüber dem Tod, der mir verhaßt ist, ir- 99
gendeine Verpflichtung einginge. Ob glücklich oder unglücklich, das Leben ist der einzige Schatz, den der Mensch besitzt; und wer es nicht liebt, ist seiner nicht wert. Nur die Ehre stellt man höher, weil die Schande das Leben schimpflich macht. Wenn man, vor die Wahl zwischen beide Möglichkeiten gestellt, sich das Leben nimmt, so muß die Philosophie verstummen. O Tod! Grausames Gesetz der Natur, das die Vernunft verwerfen muß, weil es nur dazu geschaffen ist, eben die Vernunft zu vernichten. Cicero sagt, der Tod erlöse uns von unseren Leiden. Dieser große Philosoph bucht die Ausgaben, stellt aber die Einnahmen nicht in Rechnung. (...) Der Tod ist ein Ungeheuer, das einen aufmerksamen Zuschauer aus dem Welttheater vertreibt, noch bevor das Stück, das ihn ungemein fesselt, zu Ende ist. Dieser Grund allein müßte schon genügen, um ihn zu verabscheuen. (63)

WELCHE Erinnerungen, als ich mich an dem
100 Ort sah, wo ich vor siebenundzwanzig Jahren mit Donna Lucrezia gewesen war! Ich fand ihn nun noch schöner, während ich selbst mich nicht nur sehr verändert fand, sondern auch in meinen ganzen Fähigkeiten beschränkter, meine reichliche Erfahrung ausgenommen, die mich jedoch für nichts entschädigte oder doch nur insoweit, als sie mir größeres Recht zu vernünftigem Nachdenken gab. Ein kläglicher Gewinn! Meine Gedanken mündeten in Trübsinn und führten unerbittlich zu der abscheulichen Vorstellung vom Tod, dem ich nicht als Stoiker entgegenzusehen vermochte; ein solches Vermögen ging über meine Kraft, ich habe es nie erlangen können und werde es auch nie erlangen. Diese Schwäche hat mich nie zur Memme gemacht, aber in meinem Grauen vor dem Tod vermochte ich nie zu begreifen, wie ein denkender Mensch dagegen gleichgültig sein kann. (64)

ICH fand mich völlig verändert, und so glücklich ich damals gewesen war, so unglücklich mußte ich
mich jetzt fühlen; denn die uneingeschränkte schöne Aussicht auf eine glücklichere Zukunft war meiner Phantasie verwehrt. Ich erkannte trotz allen Sträubens, ja mußte es mir gezwungenermaßen eingestehen, daß ich meine ganze Zeit vergeudet hatte, und das bedeutete, daß ich mein Leben vergeudet hatte. Die zwanzig Jahre, die ich noch vor mir hatte, und mit denen ich noch rechnen zu können glaubte, erschienen mir trübselig. Mit meinen siebenundvierzig Jahren wußte ich, daß ich in einem Alter war, dem das Glück nicht mehr hold ist, und das genügte, um mich traurig zu stimmen; denn ohne die Gunst der blinden Göttin kann niemand in der Welt glücklich sein. Bei meinen damaligen Bemühungen um die Erlaubnis zur freien Rückkehr in meine Heimat schienen sich meine Wünsche darauf zu beschränken, daß mir gnädigst gestattet wurde, zum Anfang zurückzukehren und alles ungeschehen zu machen, was ich an Gutem oder Schlechtem getan hatte. Mir wurde klar, daß es nur darum ging, mir einen Abstieg weniger unangenehm zu machen, an dessen Ende der Tod stand. Bei diesem Abstieg verfällt der Mensch, der sein Leben in Freuden verbracht hat, in düstere Betrachtungen, die ihm im Zustand blühender Jugend fremd sind, wo er nichts

im voraus bedenken muß, wo ihn die Gegenwart voll
102 in Anspruch nimmt, und wo stets gleichbleibende und stets rosige Aussichten sein Leben glücklich machen und seinen Geist in so erfreulichen Illusionen wiegen, daß er über einen Philosophen lacht, der es wagen würde, ihm zu sagen, daß hinter diesem bezaubernden Ausblick das Alter, das Elend, die stets allzu späte Reue und der Tod stehen. Wenn mir schon vor sechsundzwanzig Jahren solche Gedanken durch den Kopf gingen, kann man sich vorstellen, wie es heute in mir aussieht, da ich allein bin. Die Gedanken würden mich umbringen, wenn mir nichts einfiele, um die grausame Zeit totzuschlagen, die sie in meinem glücklicherweise oder unglücklicherweise noch jungen Gemüt entstehen läßt. Ich schreibe, um mich nicht zu langweilen, und ich freue und beglückwünsche mich, daß ich daran Gefallen finde. Wenn es nur Geschwätz ist, so kümmert mich das nicht; mir genügt das Bewußtsein, daß ich mich dabei unterhalte. (65)

ICH bin zwar alt, doch ist mir noch nicht alles genommen: Mir bleibt die Neugier als Tochter meines Verstandes, der die Zusammenhänge zwischen den Dingen sucht, die mich interessieren; würde ich mich schon in einem Zustand der Gleichgültigkeit fühlen, stände ich am Vorabend meines Todes. (66)

ICH bin mit allen für einen Christen nötigen geistlichen Pässen versehen und wohl ausgerüstet, um nach diesem irdischen Leben in die Schar der auf ewig Glückseligen einzugehen; aber ich möchte auf dieser so ernsten Reise nicht Lächerlichkeiten begegnen. Der Tod ist eine Schuld, die auch ein Ehrenmann nicht freiwillig bezahlen soll, denn nicht er ist sie eingegangen, sondern die Herrin Natur ohne seine Zustimmung. (67)

ERZÄHLTES LEBEN

ICH schreibe *mein Leben*, um mich zum Lachen zu bringen, und es gelingt mir. Ich schreibe täglich *107*
dreizehn Stunden, die mir wie dreizehn Minuten verfließen. Welch ein Vergnügen, sich an seine Vergnügen zu erinnern! Aber welche Mühe, sich daran zu erinnern! Ich unterhalte mich, weil ich nicht erfinde. Was mir Mühe macht, ist die Pflicht, die ich habe, die Namen zu maskieren, denn ich habe nicht die Ermächtigung, die Affären der anderen zu veröffentlichen. (68)

ICH habe schon zwei Drittel *meines Lebens* geschrieben, das sechs Bände in Groß-Oktav umfassen wird; aber ich bitte Sie, nicht darauf zu drängen, es zu lesen, denn wenn es veröffentlicht werden wird, so wird es erst nach meinem Tode geschehen.

(69)

MEINE Gesundheit ist gut, und ich beschäftige mich mit meinen *Memoiren*. Diese Beschäftigung ersetzt mir das Ausruhen. Ich werde bei ihrer Niederschrift jung und schülerhaft. Ich breche oft in Gelächter aus, was mich für närrisch gelten läßt, denn die Idioten glauben nicht, daß man lachen kann, wenn man allein ist. (70)

WAS meine Memoiren betrifft: Je mehr das Werk fortschreitet, um so mehr fühle ich mich
überzeugt, daß es gemacht ist, um verbrannt zu werden. Daraus sehen Sie, daß, solange ich dessen Herr sein werde, es gewiß nicht das Tageslicht erblicken wird. Es ist ein Werk, das dem Leser die Nacht wohl zu vertreiben vermag; aber der Zynismus, den ich hineingelegt habe, ist übertrieben, und er übersteigt die Grenzen, welche die Wohlanständigkeit der Indiskretion gesetzt hat. Aber Sie würden nicht glauben, wie mich das unterhält. Ich habe *ohne zu erröten* bemerkt, daß ich mich mehr als jeden anderen liebe; wohlgemerkt, ich erröte darüber, daß ich nicht rot werde; und dieses nachfolgende Erröten rechtfertigt mich vor mir selbst, denn um die andern kümmere ich mich nicht. (…) Ich sage alles, ich schone mich nicht, indessen kann ich als Ehrenmann meinen Memoiren nicht den Titel *Konfessionen* geben, denn ich bereue nichts, und ohne Reue kann man, wie Sie wissen, keine Absolution erlangen. Sie glauben wohl, daß ich prahle? Keineswegs. Ich erzähle drauflos, um mich zum Lachen zu bringen … (71)

110

WENN Sie sich für meine Memoiren interessieren, will ich Ihnen berichten, daß ich mit dem Ende meines zwölften Bandes beim Alter von siebenundvierzig Jahren, das heißt im Jahr 72 dieses Jahrhunderts angelangt bin; aber ich muß Ihnen auch sagen, daß ich sie höchstwahrscheinlich alle in meiner Gegenwart verbrennen lassen werde, wenn ich den Tod durch eine jener Krankheiten finden würde, die den Menschen traurig und lebensüberdrüssig machen. (…) Ich gehöre nicht zu den Anhängern des Diogenes. Dennoch möchte ich Ihnen sagen, daß in allen Einzelheiten meiner allzu ausgelassenen Abenteuer bis zu meinem fünfzigsten Lebensjahr der Zynismus so übertrieben ist, daß man die Lektüre der *Geschichte meines Lebens* in allen Ländern verbieten wird, wo man die guten Sitten liebt. Ich bin ein zu verachtender Mensch; aber ich lege keinen Wert darauf, daß man es erfährt, und strebe auch die Ehre nicht an, daß die Nachwelt mich verachte. Mein Werk ist voll ausgezeichneter moralischer Lehren. Aber was nützt das, wenn die gelungenen Schilderungen meiner Sünden die Leser mehr zur Nachahmung als zur Reue anregen? Was ich Ihnen sage, ist nur allzu wahr. Außerdem werden die eingeweihten Leser die von mir verschwiegenen Namen aller Frauen und Männer erraten, deren Ruchlosigkeit niemand kannte, und da meine Indis-

kretion sie in tiefster Seele trifft, werden sie alle
gegen mich und meine Heimtücke aufbegehren, ob- *111*
gleich in meiner Schilderung nur die reinste Wahr-
heit zu lesen sein wird. (72)

112

INZWISCHEN unterhalte ich mich mit meiner Feder über Kleinigkeiten, die nicht wert sind, erwähnt zu werden. Am Ende meiner Laufbahn, mich dem Horizont nahe sehend, werde ich mich nur vernünftig unterhalten können, wenn ich in mich gehe, um mich über mich selbst lustig zu machen und über alle Narren zu lachen, die nach mir auf der Welt bleiben werden und deren Anführer ich hernach nicht mehr sein werde; sie werden leicht einen anderen finden. (...) Was meine Memoiren anbelangt, so glaube ich, daß ich sie sein lassen werde, denn von meinem fünfzigsten Jahr ab kann ich nur Trauriges darbieten, und das macht mich traurig. Ich habe sie nur geschrieben, um mich mit meinen Lesern zu unterhalten; gegenwärtig würde ich sie betrüben, und das ist nicht der Mühe wert. (73)

NACHWORT

ALS Giacomo Casanova am 4. Juni 1798 im böhmischen Dux starb, sollen seine letzten Worte gewesen sein: »Ich habe als Philosoph gelebt und sterbe als Christ.« Die Nachwelt empfand diesen Satz als eher belustigend: Der ewige Verführer, der Frauenheld, der Glücksritter und Bruder Leichtfuß ein Philosoph, ein Christ? Wahrscheinlich hätte es Casanova tief verletzt, wäre ihm zu erfahren möglich gewesen, daß sein Name einmal zum Synonym für einen billigen Schürzenjäger, einen Vorstadtstrizzi verkommen würde. Denn er selber verstand sich als Schriftsteller, und er hat ja auch in der Tat ein variantenreiches Œuvre hinterlassen: Gedichte, Dramatisches, einen utopischen Roman, Geschichtsdarstellungen, Satiren, Pamphlete, mathematische Untersuchungen und am Ende dann eines der größten Erzählwerke des 18. Jahrhunderts, die Geschichte seines Lebens (*Histoire de ma vie*), eine Autobiographie, wie sie vielfältiger, farbiger und fesselnder nie geschrieben worden ist. Wer so etwas schreiben konnte, darf zu den großen Autoren der Weltliteratur gerechnet werden.

Er hat darin ein betörendes Panorama seines Zeitalters gemalt, geboren aus dem Glück der Erinnerung, dem einzigen Glück, das dem vereinsamten alten Mann geblieben war. In seinen vitalen Jahren hatte er das Leben als ein Virtuose der Sinne genossen und es verstanden, alle Höhen und Tiefen des

Daseins zu durchmessen: Freiheitsstrafen, gesellschaftliche Triumphe, unmittelbare Todesnähe, verschwenderisches Liebesglück, Armut und Reichtum. Er, der am 2. April 1725 geborene Sohn eines unbedeutenden Schauspielerehepaars aus Venedig, bewegte sich in der Welt der Aristokraten, als gehöre er ganz selbstverständlich dazu. Er führte Gespräche mit Päpsten und Kardinälen, Fürsten und Diplomaten, Schauspielern und Sängerinnen, Abenteurern und Kurtisanen und berauschte sich am Leben, von dem er nie genug bekommen konnte, wie an einem riesigen Fest. Er war ein geborener Gourmet, ein brillanter Stilist und ein Mann von Geist und Geschmack.

Doch nichts liebte er mehr als die Frauen. Eine Welt ohne Frauen wäre für ihn die Hölle gewesen. Er hat nie – à la Leporello – ein Register seiner Amouren geführt, denn er war nicht, wie Don Juan, ein die Frauen verachtender Trophäenjäger, sondern ein Mann, der die Frauen über alles liebte. Das ist wörtlich zu verstehen. Er sah in jeder Frau, die er begehrte, die große und einzige Liebe seines Lebens. Er hat Frauen, die sich ihm hingaben, »bis zum Wahnsinn geliebt«, wie er sagt, fest davon überzeugt, ewig treu zu sein, obwohl die erotische Bindung selten länger als ein Vierteljahr währte, meist kürzer. Er hat Frauen niemals ausgebeutet, diffamiert oder verachtet, er hat sich ihnen nie überlegen gefühlt, und er muß ein ganz ungewöhnlich einfühlsamer, sensibler und zärtlicher Liebhaber gewesen sein, was damals, liest man die Memoiren seiner Zeitgenossen, als eher selten gelten durfte. Jeder Frau, die er geliebt hat, bewahrte er bis an sein Lebensende ein Gefühl tiefer Dankbarkeit. Und er war ein Meister des Abschieds; wenn die Stunde der Trennung kam, durfte kein Gefühl der Bitterkeit zurückbleiben. Er verstand sich auf die Höflichkeit des Herzens, wozu auch gehörte, daß er in seinen Lebenserinnerungen die Namen seiner Geliebten chiffriert hat.

Giacomo Casanova war wohl nicht nur bindungsscheu, sondern tatsächlich bindungsunfähig. Das Leben mußte ihm täglich neue Überraschungen bieten, um seiner unstillbaren Neugier Nahrung zu geben. Weder Menschen noch Orte vermochten ihn lange zu halten, und so wurde ihm der Reisewagen zur eigentlichen Heimat. Von Madrid bis St. Petersburg, von London bis Istanbul, von Wien bis Neapel, von Paris bis Warschau, von Amsterdam bis Genf – er ist immer unterwegs und sammelt Eindrücke für sein schier unerschöpfliches Erinnerungsreservoir.

Im Alter findet er ein Gnadenbrot: Der vermögende Graf Waldstein, fasziniert von Casanovas Erzählkunst, macht ihn zum Bibliothekar seines Schlosses im böhmischen Dux (heute Duchcov), wo er 40 000 Bücher betreuen darf. Frauen sieht er dort selten, und wenn, dann nicht als erotische Partnerinnen. Er stürzt sich in eine ausgebreitete Korrespondenz und erlebt in den vieltausend Seiten seiner Lebensgeschichte, an der er täglich bis zu 13 Stunden schreibt, den Nachgeschmack eines köstlichen Lebens. Nur ein einziges Lebewesen teilt die Einsamkeit seines Alters: Melampyge, eine weiße Windspielhündin, die der alte Mann über alles liebt. Als sie nach drei Jahren stirbt, ist er untröstlich und schreibt ihr einen Nekrolog in lateinischer Sprache.

Die Französische Revolution bereitet 1789 seinem Zeitalter ein blutiges Ende. Als Casanova 1798 stirbt, ist nichts vom geliebten *Ancien régime* übriggeblieben, sind viele seiner alten Freunde auf der Guillotine gestorben. Vielleicht hat ihm das den Abschied vom Leben erleichtert, der sonst schwer war. Als er am 4. Juni 1798 an den Folgen einer Prostatahypertrophie qualvoll stirbt, ist er längst vergessen. Seine Lebensgeschichte, deren Manuskript ein Neffe erbt, erscheint nicht im französischen Original, sondern zuerst in deutscher Übersetzung dreißig Jahre nach seinem Tod. Bis 1960 wird man warten müssen, ehe die authentische Fassung gedruckt werden kann. Sie hat unser Casanova-Bild, bis dahin gestützt auf eine unzulängliche Bearbeitung des Textes, verändert.

Die Geschichte vom ewigen Verführer ist verblaßt, der vermeintliche Fraueneroberer Casanova interessiert nicht mehr. Es ist Zeit, von jenem Casanova zu sprechen, wie er sich in dieser kleinen Sammlung dem Leser öffnet. Es sollte genügen, was Giacomo Casanova selbst für die Nachwelt notierte. Er glaubte, sie würde ihm einmal Gerechtigkeit widerfahren lassen.

Eckart Kleßmann

Giacomo Casanova Chevalier de Seingalt: Geschichte meines Lebens. Herausgegeben und eingeleitet von Erich Loos. Erstmals nach der Urfassung ins Deutsche übersetzt von Heinz von Sauter. 12 Bände. Propyläen Verlag, Berlin 1964-1967

Giacomo Casanova Chevalier de Seingalt: Gesammelte Briefe. Ausgewählt, eingeleitet und mit Anmerkungen versehen von Enrico Straub. Neu und zum Teil erstmals nach den französischen und italienischen Manuskripten übersetzt von Heinz von Sauter. 2 Bände. Propyläen Verlag, Berlin 1969/70

Giacomo Casanova Chevalier de Seingalt: Eduard und Elisabeth oder Die Reise in das Innere unseres Erdballs. Roman. Herausgegeben und eingeleitet von Erich Loos. Erstmals vollständig nach der Originalausgabe aus dem Französischen übersetzt von Heinz von Sauter. 3 Bände. Propyläen Verlag, Berlin 1968/69

Der andere Casanova. Unveröffentlichte Dokumente aus dem Duxer Archiv. Herausgegeben von Edgar von Schmidt-Pauli. Verlag für Kulturpolitik, Berlin 1930

Giacomo Casanova: Über den Selbstmord und die Philosophen. Aus dem Italienischen von Martina Kempter. Campus Verlag, Frankfurt/New York 1994

Giacomo Casanova: Briefwechsel mit J. F. Opiz. Herausgegeben nach der Handschrift des J. F. Opiz durch Fr. Khol u. Otto Pick. Verlag Benjamin Harz, Berlin/Wien 1922

Bei den in Klammern gesetzten Zahlen bezeichnet die römische die Band-, die arabische die Seitenzahl.

Aus: Geschichte meines Lebens 1 (I, 70/71), 2 (II, 41), 4 (III, 110), 5 (II, 175), 9 (I, 63/64), 10 (VII, 218/219), 11 (X, 264), 17 (II, 21/22), 18 (VII, 56), 19 (I, 252), 20 (VII, 184), 21 (VIII, 24), 22 (VIII, 292), 23 (X, 51), 24 (IX, 114/115), 25 (I, 65/66), 26 (I, 282), 27 (VIII, 31), 28 (IX, 87), 29 (XI, 315/316), 30 (XII, 163), 31 (VIII, 149), 32 (XII, 120/121), 33 (III, 231/232), 34 (IV, 43), 35 (II, 169/170), 36 (III, 97/98), 37 (IV, 63/64), 38 (IV, 203), 39 (VII, 165), 40 (IX, 249), 41 (IX, 290/291), 42 (IX, 362), 43 (X, 228), 44 (XI, 38), 45 (XII, 78/80), 46 (XII, 113), 47 (VI, 227/229), 48 (VIII, 104), 49 (VIII, 121), 50 (X, 286), 51 (III, 221), 52 (XI, 242), 53 (XI, 106), 54 (I, 64), 55 (I, 67), 56 (I, 68), 57 (I, 69), 58 (I, 77), 59 (II, 148), 60 (III, 255), 61 (IV, 45), 64 (I, 74/75), 65 (XII, 102/103), 66 (XII, 174/175)

Aus: Gesammelte Briefe 3 (II, 61), 6 (XII, 170/171), 67 (II, 240), 68 (I, 344)

Aus: Eduard und Elisabeth 13 (I, 84/85), 14 (I, 114/115), 15 (I, 132/133)

Aus: Der andere Casanova 7 (185), 8 (71), 16 (280/283), 62 (267), 63 (253/254)

Aus: Über den Selbstmord und die Philosophen 12 (200)

Aus: Briefwechsel mit J. F. Opiz 68 (60), 69 (65/66), 70 (69), 71 (74/75), 73 (109/110)

Aus: Gesammelte Briefe 72 (II, 173/175)

Insel Verlag Anton Kippenberg GmbH & Co. KG
Torstraße 44, 10119 Berlin
info@insel-verlag.de
www.insel-verlag.de